SOUS

LA

TERREUR.

RÉFLEXIONS ET RÉCITS.

Un Drame sur la Place de la Révolution;

PAR J.-F. A.

A VERSAILLES,

DE L'IMPRIMERIE DE KLEFER, PLACE D'ARMES, 17.

1849.

SOUS LA TERREUR.

RÉFLEXIONS ET RÉCITS.

Hélas ! un présage terrible
Vient livrer mon cœur à l'effroi :
J'ai cru voir, dans un songe horrible,
Un échafaud dressé pour moi.

Un Drame sur la place de la Révolution.

Parmi les terribles et sanglantes journées de la révolution, il faut mettre au premier rang la journée
du 9 thermidor. Cette journée vit la chute de Robespierre ; la France était lasse enfin de voir tous les
jours se renouveler ces tristes sacrifices. Naissance,
honneur, vertu, talent, génie, la terreur avait tout
dévoré. Robespierre sentant ses ennemis devenir chaque jour plus nombreux, avançait toujours plus vio-
lent. Mêlant toutes sortes d'idées diverses, il avait
institué le tribunal révolutionnaire permanent, et ins-
piré l'idée des exécutions par fournées, et en même
temps il avait fait voter par la convention le dogme
de l'immortalité de l'ame et imaginé un culte bizarre
de l'Être-Suprême. Dans les provinces il avait envoyé
d'affreux proconsuls, nourris de son fiel, qui propa-
geaient partout la terreur, tandis qu'à Paris il faisait

tomber les têtes des plus illustres et des plus hardis républicains.

La convention, qu'il dominait, apprit bientôt que de nouvelles listes de proscriptions avaient été dressées. Il s'agissait, disait-on, de détruire à coup de canons, dans le Champ-de-Mars, trois mille malheureux condamnés par les Jacobins ; mais ce n'était pas tout : les hommes les plus avancés, les plus violents, étaient eux-mêmes menacés : c'était Barrère, Billaud-Varennes, Collot-d'Herbois, Tallien, Fréron, Amar et Vouland. La convention, à force de peur, fit acte de courage ; elle se souleva contre le tyran. En vain voulut-il parler ; sa voix fut étouffée. Tallien trouvant que les décrets tardaient trop, menaça Robespierre de son poignard. Robespierre eut peur : il quitta l'Assemblée un seul instant ; ce fut sa perte. Hors de ses terribles regards, les conventionnels le décrétèrent d'accusation.

En vain ses fers furent-ils brisés, en vain siégeant à la commune, espéra-t-il triompher encore : son règne était passé. — Le bourreau pouvait laisser reposer son triangle d'acier. Les citoyens ne verraient plus passer chaque jour la fournée de victimes. — Le sang ne rougirait plus les ruisseaux de Paris.—Le peuple, ce maître souverain dans les grandes tourmentes sociales, abandonnait le dictateur qu'il avait presque adoré. Robespierre, mis hors la loi et condamné à mort, allait expier ses crimes.

Le jour du supplice (28 juillet 1794), une carriole entrant par la Barrière des Bons-Hommes, cheminait lentement le long des quais, se dirigeant vers la place de la Révolution. Deux personnes l'occupaient, le voiturier, tout préoccupé de l'aspect des quais de Paris, et une femme jeune encore et dont la mise était soignée, quoique simple.

Toute cette partie de la grande cité, à cette époque d'ailleurs peu peuplée, paraissait déserte ; un morne silence y régnait, et si, par hasard, quelque habitant sortait de sa demeure, on le voyait courir à toutes jambes vers la place de la Révolution.

Dans le temps, où le cri de *guerre aux châteaux ! paix aux chaumières !* avait retenti dans toute la France, le comte Henri de Laneuville avait vu son château pillé, ses fermes incendiées. Ce n'est pas qu'il eût mérité un pareil sort. Nul seigneur ne s'était montré plus doux envers ses fermiers, meilleur envers ses serviteurs, plus charitable envers tout le monde. Ce n'étaient pas les habitants du pays qui avaient ainsi porté la dévastation dans ses domaines, mais ces maraudeurs qui profitent de toutes les occasions, soit pour faire le mal, soit pour s'enrichir.

Plus tard le comte avait été obligé de fuir avec sa femme, Marie ; il l'avait cachée chez un de ses amis et lui-même avait cherché un asile à l'étranger. Avant de partir, les deux époux s'étaient promis de se rejoindre le plus tôt possible. Marie appréhendait une séparation qu'elle craignait devoir être éternelle; Henri soutenait son courage. Enfin, quand il la quitta, et qu'elle le couvrait de ses larmes : Ne pleure pas, lui dit-il, je suis sûr que nous nous reverrons.

Plusieurs mois s'étaient écoulés; Marie reçut enfin une lettre, remise en ses mains par un homme sûr. Le comte était rentré en France. Il avait osé se montrer à Paris, et il occupait, sous un nom supposé, un modeste logement dans un des faubourgs. Il ne courait aucun risque, et sa femme pouvait le venir retrouver.

Cette lettre n'était parvenue à Marie que dix jours après son envoi, le messager fidèle ayant été obligé de prendre un temps si long pour ne pas inspirer de soupçons.

Marie accourait; dans quelques heures elle allait revoir celui qu'elle aimait plus que sa vie.

La carriole avançait donc, et le voiturier fit remarquer à sa compagne cet air triste, répandu par toute la ville sur leur passage. Marie soupira ; elle savait mieux que son conducteur quel spectacle le peuple allait chercher à la place de la Révolution. Elle savait que c'était sur cette place que se célébrait chaque jour ce que ces forcenés appelaient *la Messe rouge*.

Bientôt, à l'issue des Champs-Élysées, les voyageurs purent apercevoir l'échafaud dressé et le couteau levé, qui attendait.

Quoique ce ne fût pas un spectacle nouveau à cette époque, le cœur de la femme fut saisi d'une douleur mortelle. Elle eut un vague pressentiment qu'en ce jour un malheur l'attendait. Ses membres s'agitèrent d'un tremblement convulsif ; elle serra avec force le bras de son compagnon, qui voulait prendre un détour pour s'éloigner de cette scène d'horreur, et elle lui dit d'une voix presque éteinte, mais qui pourtant voulait être obéie : — Restez, je le veux. — Pourquoi cette volonté singulière ? — Était-ce la fatalité qui pesait sur elle, était-ce la puissance de Dieu qui la fixait ainsi à cette place pour lui faire subir une terrible épreuve ? Elle resta.

Cependant les condamnés arrivaient lentement à travers des flots de peuple, et à mesure qu'approchait le funèbre cortége, on entendait bruire les longs murmures de la foule ; c'était comme les vents, lorsque les orages commencent à gronder : d'abord un murmure insensible, puis un sifflement aigu, puis de longs et sourds mugissements, puis le silence, et ce bruit, sans cesse renouvelé, et toujours plus triste à mesure qu'il se renouvelle, puis la violence de la tempête, qui éclate et fait tressaillir le cœur des hommes. Telle était la foule l D'abord des chuchottements incertains, puis des cris, puis des battements de mains, puis les longues et terribles et furieuses acclamations, ces cris de sang où les hommes semblent regretter de n'avoir pas quelques-uns des lambeaux de la victime.

La charrette des condamnés avançait toujours, et la carriole des voyageurs s'était arrêtée ; quelques hommes s'en étaient emparés pour mieux voir cet horrible spectacle. Et la femme, la faible femme, sans rien demander, s'était mise, inquiète, au premier rang, comme conviée à cette fête de sang, elle jusqu'alors si timide et si craintive. La foule curieuse cherchait des yeux Robespierre, ce dictateur de la veille. — Il était là, comme insensible, sa mâchoire fracassée, enveloppée de linges encore sanglants. On l'avait placé entre ses deux séides, Henriot, qui la veille s'était montré si lâche, et le paralytique Couthon, qui avait toujours eu soif de sang.

Robespierre restait impassible. Il entendait cette longue malédiction de tout le peuple, ces cris de joie qui éclataient et saluaient sa marche à la guillotine, et les applaudissements qui, du faîte des maisons, et d'étage en étage, descendaient pour se mêler aux applaudissements du peuple sur la voie publique, et qui ensuite, semblables à la foudre, remontaient plus violents vers le ciel.

Rien ne pouvait l'émouvoir; peut-être la frayeur le rendait-elle insensible, ou plutôt était-ce que son esprit absorbé s'occupait de visions étranges et fantastiques. Qui sait s'il ne se rappelait pas sa vie passée, ses jeunes années, lorsque les palmes du barreau lui paraissaient les seules dignes d'ambition, ou le commencement de sa carrière politique, quand, humble pétitionnaire, il s'inclinait à la barre de l'Assemblée législative, ou encore ses triomphes au club des Ja-

cobins, ou encore sa puissance dictatoriale et toutes
les acclamations si différentes de celles qu'il entendait
maintenant, ces acclamations qui le saluèrent lorsqu'il
s'avança, grand pontife de l'Être-Suprême, un bou-
quet à la main et le visage rayonnant d'orgueil et de
bonheur, à la tête de la Convention nationale, au mi-
lieu des flots de ce même peuple qui criait alors *vive
Robespierre*.

Ou bien encore voyait-il marcher, comme pour
lui servir d'escorte, tous ces hommes qu'il avait
immolés à son implacable orgueil. C'était peut-être
le génie des Girondins qui lui présentait ces vingt-
deux têtes tombées sous le même couteau, ou qui
faisait retentir à son oreille les accents vengeurs de
Vergniaud. Ou c'était madame Roland, la vertueuse, la
sublime républicaine, qui lui venait reprocher d'avoir
fait sa fille orpheline, ou bien c'était les pleurs de
Camille-Desmoulins qui tombaient glacés sur son
cœur, ou le sang de l'innocente femme de ce tribun
qui criait contre lui, ou encore le sang de Danton, qui
l'étouffait.

Ou plutôt c'était le cri de sa conscience qui l'acca-
blait et qui lui faisait entendre, dans chacune des
malédictions qui tombaient sur lui, la malédiction
d'une veuve qu'il avait faite veuve, ou d'un orphelin
qu'il avait fait orphelin, ou d'un père qu'il avait privé
de ses enfants.

Et le jour de la vengeance était enfin venu. Grande

et sublime leçon donnée par Dieu à l'humanité. Ainsi Dieu confond les méchants et les superbes. Ainsi des sommités du pouvoir à l'échafaud il n'est souvent qu'un pas, et l'éternel Dieu se joue de nos projets.

La charrette avançait toujours, et sur cette charrette, tous ceux qui avaient été les ministres ou les exécuteurs des cruelles pensées du dictateur, sur cette charrette, Saint-Just et Couthon, et Henriot, et Dumas, et un ou deux nobles condamnés précédemment ; car ceux qui avaient fait tomber Robespierre ne voulaient pas que l'on crût que la révolution allait rétrograder.

Ils arrivèrent enfin ; Robespierre fut soulevé par l'exécuteur, attaché sur la planche, et sa tête roula sur l'échafaud.

Lorsque la tête du tyran fut abattue, ce fut d'abord un silence morne ; toute cette foule s'interrogeait des yeux et semblait douter que le sacrifice fût achevé, tant la victime liée, et à moitié morte inspirait encore de terreur.

Mais quand on fut revenu de ce premier sentiment d'effroi religieux qui accompagne toujours la mort de l'homme, même le plus coupable, des battements de mains se firent entendre de proche en proche, et retentirent bientôt par toute la ville. Puis ce fut un long cri de joie, et comme si on eût voulu se bien convaincre les uns les autres de la réalité du sacrifice, on s'écria : *Le tyran est mort ! le tyran est mort !* et de la place de la Révolution jusqu'aux dernières limites de cette grande capitale, ce cri se répéta de bouche en bouche : *Le tyran est mort! le tyran est mort!*

Puis ce fut le tour des amis du tyran, et pour chaque supplice c'étaient les mêmes cris et la même joie féroce. On eût dit que tout ce peuple n'avait qu'une même pensée et qu'un même cœur.

Cependant, en voyant paraître le condamné sur l'échafaud, Marie s'était levée, et quelqu'un lui ayant dit c'est Robespierre qu'on va exécuter, tout le sang de cette femme avait reflué vers la tête et vers le cœur, une énergie singulière l'animait. Quand la tête de Robespierre tomba, elle se laissa glisser sur la banquette, mais elle se releva bientôt à la voix d'un homme du peuple qui lui cria : « Eh! eh! citoyenne, ne te trouve donc pas mal, ce n'est pas encore fini, tu vas voir la grimace de ses amis. »

Marie vit donc successivement mettre à mort tous ces malheureux, et son cœur bondissait, et son cerveau battait avec force ; elle avait des tournoiements et des vertiges, mais une force surnaturelle la soutenait, et elle voulait tout voir. Alors le dernier de tous monta d'un pas ferme et parut sur la plate-forme de l'échafaud. Son regard se promena tranquille mais inquiet sur toute cette place. En vain les cris de mort le poursuivaient plus furieux à mesure que coulait plus de sang ; cet homme n'entendait rien ; on pouvait deviner que sa pensée n'avait qu'un seul but, qu'un seul désir animait son cœur. Les têtes des suppliciés, qui bondissaient encore près de lui, le sang chaud des victimes qui baignait ses pieds, la vue du couteau suspendu sur sa tête, et les préparatifs du supplice, les liens qui le serraient sur la planche fatale, rien ne pouvait parvenir à le distraire de l'idée qui l'occupait tout entier ; ses yeux se reposaient avec anxiété sur toute cette foule stupide de fureur, et il interrogeait tous ces visages avec une inquiète sollicitude.

Il aperçut enfin, vers l'extrémité de la place, une carriole, et dans cette carriole une femme qui regardait. Oh ! alors, tout son corps frémit et s'agita, et on vit ses yeux se fixer sur cette femme avec une indicible expression d'amour et aussi avec une singulière amertume : et la femme, de son côté, l'aperçut et elle lui tendit les bras, suffoquée, les cheveux hérissés, les membres roidis, la bouche béante, sans pouvoir proférer une parole. Ils n'échangèrent qu'un regard, et cela ne dura qu'une seconde, mais ils se disaient ainsi tant de choses. C'étaient deux ames séparées l'une de l'autre qui se cherchaient et qui s'étaient retrouvées pour se dire un éternel adieu. Il y eut comme une commotion électrique qui unit ces deux êtres à travers toute cette foule.

Puis la femme put enfin s'écrier : « Henri, au revoir au ciel, » et le condamné s'écria aussi d'une voix forte et avec un accent de douleur impossible à décrire : « Adieu, ma femme, mon ange, adieu ! »

Et au même moment le couteau tomba, et l'exécuteur, prenant la tête par les cheveux, la montra au peuple et lui donna un soufflet.

Oh ! alors la colère du peuple, qui s'était éteinte, se réveilla violente, mais elle se tourna contre le bourreau qui avait insulté les restes d'un martyr.

Car alors c'était un martyr, voyez-vous ; cette scène avait changé le cœur de tout ce peuple. Ces deux cris qui s'étaient croisés par-dessus les têtes de toute cette foule, ces derniers accents d'un mourant, si exempts de crainte, si pleins d'amour et de désespoir, et cet adieu lamentable de la femme qui n'avait pu trouver qu'un nom, un adieu, mais encore une espérance. Ce drame si effroyable et si inattendu, cela avait remué jusqu'au fond les cœurs de toute cette foule passionnée ; elle n'avait plus eu ni acclamations, ni cris de fureur. Les sentiments de père, d'époux et de mère avaient fait taire toutes ces exécrables passions politiques, des larmes avaient mouillé tous les yeux. La colère ne se ralluma qu'à la vue du sacrilége du bourreau. Et lorsque l'infâme se fut soustrait par la fuite à cette sainte colère, il ne resta plus dans les cœurs que tristesse et pitié. La foule se retira silencieuse et pensive.

Nota. Le fait qui a servi de texte à ce récit est *historique;* on n'a changé que le jour. Il se passa quelque temps avant le 10 thermidor. Ces excès effroyables amenèrent une réaction. Un pouvoir ferme, le pouvoir d'un guerrier sauva et réorganisa la France. Le souvenir de la Terreur est resté long-temps dans la mémoire du peuple avec toute son horreur. Aussi, lorsque la révolution de 1848 éclata, le Gouvernement provisoire, craignant qu'on ne le crût disposé à ramener cet abominable régime, et sachant bien que cette idée suffirait pour soulever contre lui toute la France, s'empressa-t-il de décréter l'abolition de la peine de mort.

FIN.

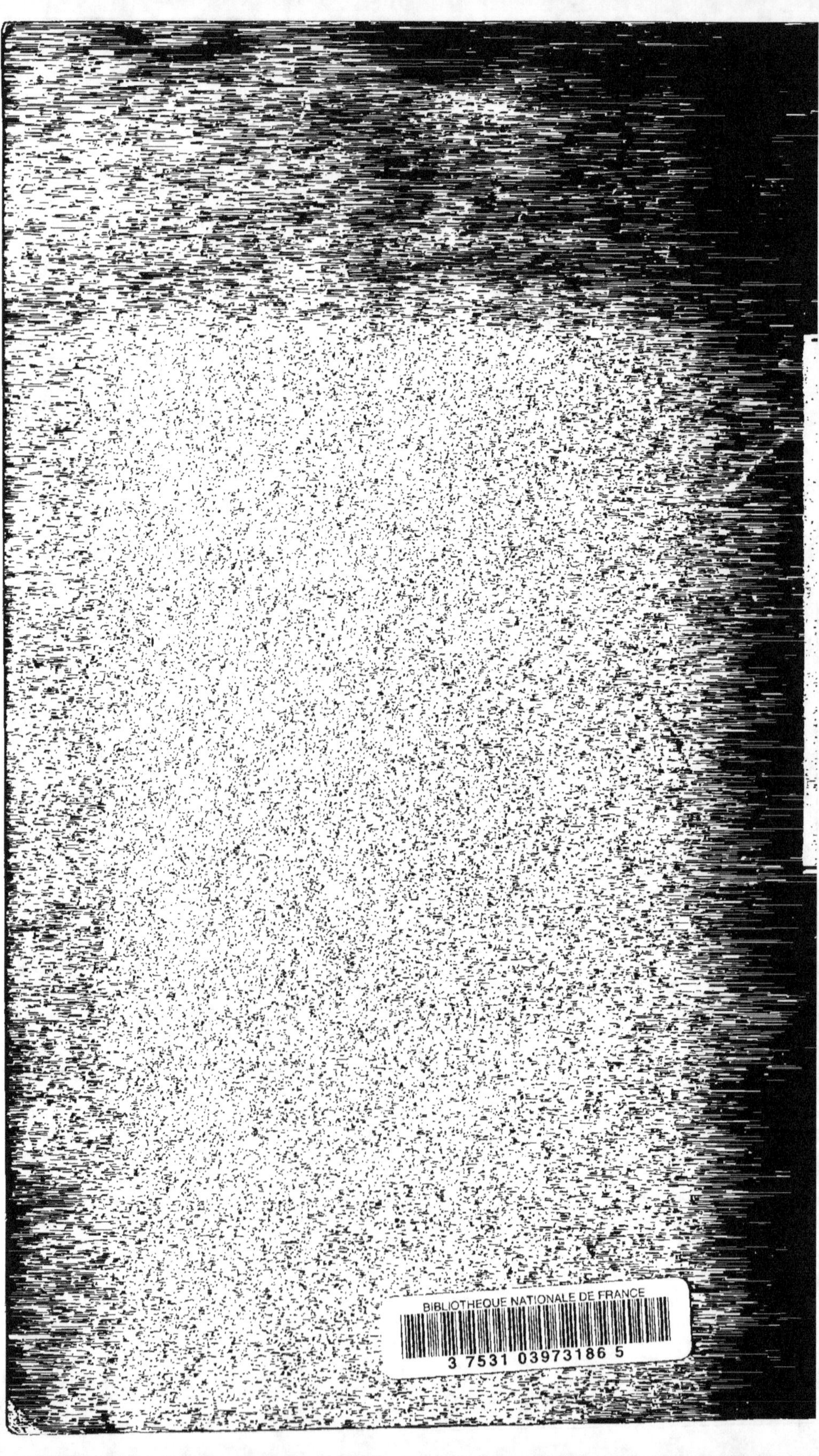

9 782013 351690